U0143277

敦煌

Dunhuang
Zodiac

十二生肖

主　编

杜　鹃

著　者

殷　曦　王嘉奇　杨瀚林

江苏凤凰美术出版社

十二生肖，在中国传统文化中占有重要地位，也是传统民俗文化中使用广泛、影响深刻的文化现象之一。它不仅是基于十二地支的传统纪年方式之一，更是承载着古人智慧与信仰的文化符号。

十二生肖，古来别称众多。唐代《事始》称"十二兽"，东汉《论衡·物势篇》言"十二禽"，《新唐书·回鹘传下》谓"十二物"，《宋史·外国传八·吐蕃》曰"十二辰属"，清代《陔馀丛考》列"十二相属"……众多称谓汇集着自古传承而来的雅俗文化，阐释着人们对于宇宙世界的观察与思考。

关于十二生肖的起源，学术界有很多说法，但尚未有定论。目前最早可考的十二生肖内容，见于1975年从湖北云梦睡虎地出土的秦简《日书》甲种《盗者》，记载了通过占卜获得生肖所提供的盗者信息，其中就有十二地支与十二生肖对应关系的记录。随着漫长的时光变迁，十二地支与十二生肖相互融合，最终沉淀为中华民族独特的生肖文化。

至今已有两千余年历史的十二生肖，是古代中国人民在长期生产生活中对世界观察与认识的结晶，已广泛应用于民间艺术、文学、建筑、服饰等众多领域，成为人们喜闻乐见的形象和独特美好的象征，彰显着人们对生命自然的无限热爱和对未来美好生活的期许。

但十二生肖如何与现今社会融合，怎样创造出更多专属于当今时代的文化产品呢？敦煌壁画里的众多动物图像就是个不错的突破口。

在敦煌壁画里，丰富多彩的动物图像随处可见，给我们留下了深刻的印象。活泼机灵的猴子，展现了古人对猴子习性的细致观察；威武雄壮的老虎，显示了古人对老虎的敬畏尊崇；温顺可爱的兔子，寄托了古人对美好生活的追求与期待……

敦煌壁画里的动物图像，不仅展示了古人绘画独特的写实性，也反映了古代艺术文化的繁荣发展，为我们今天研究古代社会的方方面面，提供了可贵且充沛的资料。

《敦煌十二生肖》

主　编

杜　鹃

著　者

殷　曦　王嘉奇　杨瀚林

〈鼠〉

001

手中紧握
"鼠来宝"

〈牛〉

009

"牛儿"勇敢
向前冲

〈虎〉

019

嗷呜"萌虎"
出击

〈兔〉

031

竖起耳朵
"兔"出重围

〈龙〉

043

呼风唤雨
入钵去

〈蛇〉

057

注意!
前方"蛇出没"

手中紧握
"鼠来宝"

千百年来，从粮仓硕鼠到财神瑞兽，再到生肖榜首，鼠的文化形象在历史长河中不断演绎与变化。

早有《诗经·魏风·硕鼠》"硕鼠硕鼠，无食我黍"之句，后有南宋释文珦《剡源山房》"鼠黠窥人走，僮顽背客眠"、唐韩愈《城南联句》"礼鼠拱而立"的描写。我国先民借隐喻言志、表达情思，映射出对鼠的复杂情感变化，凝聚着古人观察世界的审慎思考和情感认知。

祥瑞长寿：小白鼠

自古以来，人们对吉祥如意、福寿绵长就有着质朴的追求，由此演化的吉祥符号和祥瑞动物便是借以表意的"道具"。先有东晋葛洪《抱朴子·对俗》中"鼠寿三百岁，满百岁则色白，善凭人而卜，名曰仲，能知一年中吉凶及千里外事"的描述；后有南北朝时期，白鼠因能预兆吉祥福瑞而被帝王视为祥瑞动物，在梁沈约《宋书·符瑞志》与梁萧子显《南齐书·祥瑞志》中就有"晋惠帝永嘉元年五月，白鼠见东宫，皇太子获以献"和"建元二年，江陵县获白鼠一头"的记载。可见，鼠作为祥瑞长寿的象征古已有之。

在榆林窟第 25 窟南壁的《观无量寿经变》中，就画有一只正在廊柱下奔跑的小白鼠。小白鼠嘴巴尖细，黑而大的眼睛正盯着前方，四条细长的腿支撑着圆润的大肚子，长长的尾巴拖在身后。寥寥几笔，一只形象生动的小老鼠就出现在人们眼前。

掌管财富：吐宝鼠

鼠，有囤粮积粟之好，其洞穴中往往储藏丰富、富集粮食。民间有"老鼠驾临，家有余粮，可喜可贺"的说法，清代方睿颐《梦园丛说》中更有"吻尖，其尾长，其声若数钱然，故名。俗云：见则主人家有吉庆事。亦犹京师人尊猚为财神也"的描述。鼠这一形象也发展成掌管财富和富足生活的象征，寄托着人们对美好生活的向往。

在榆林窟第 15 窟的前室北壁，有一身北方天王上身裸露、下着甲胄，胸腹间璎珞严饰，臂钏宝物应有尽有，右手执杵，左手握着一只吐宝鼠。画面中的吐宝鼠身形较大，头尖颈细，躯干长而腹部圆，多色宝石饰身，如珠如链的各色珍宝不断从口中涌出。

吐宝鼠口吐珍宝可能与印度本土传说有关。宋《高僧传》卷二《善无畏传》里就有"畏复至乌苌国，有白鼠驯绕，日献金钱"的记载。吐宝鼠是藏传佛教中财神的誓言物，黄财神、财宝天王、北方天王等怀中都抱有吐宝鼠。相传吐宝鼠原生活于海中，天、人、龙三界所有宝物都是由吐宝鼠吐出。吐宝鼠或含或吐摩尼加意宝珠及一切珍宝，代表慷慨、财宝和成就。

榆林窟第 15 窟　吐宝鼠　中唐

九层楼 鼠 民国

名列榜首：生肖鼠

鼠为生肖首，春乃岁时先。自古民间就有"鼠咬天开"的神话传说，明李长卿在《松霞馆赘言》中也有"天开于子，不耗则其气不开。鼠，耗虫也，于是夜尚未央，正鼠得令之候，故子属鼠"的记载，对于鼠作为生肖之首给出了更多的思考启迪。

在莫高窟九层楼的木门上，就绘有十二生肖的内容，其中对鼠的描绘就非常生动。画面中，一僧站于廊下，手握钟椎，正扬手敲击檐下悬挂的钟。钟的正下方，一只小老鼠正仰头望向僧人。画面和谐生动、精细有致，颇富生活气息。

十二生肖以十二地支为基础，与鼠、牛、兔等十二种各具特色的动物形象搭配，形成了中华民族独特的生肖文化，是中华民俗文化的重要组成部分，汇集了我国先民自古传承而来的世理认知和神秘遐想，演绎着东方文明古国的文化情节与生活智慧，至今仍以其顽强的生命力获得人们的高度认同。

中国传统文化里的"鼠"，表现出复杂多面的象征意义，频频以多样的形象出现在诗词、画作中，形成了独特的鼠文化印记和符号，充分表达了我国先民对于朴素生活的观察与热爱。

莫高窟第 103 窟　青绿山水　盛唐

"牛儿"
勇敢向前冲

莫高窟第249窟　野牛　西魏

　　古往今来，牛作为中国农耕文化中不可或缺的劳动力，勤勉耕耘、助力农事，是人们心中勤劳善良、开拓进取、坚韧不拔、默默奉献的象征，并承载着百姓对富足生活的期许。

　　人们出于对牛的喜爱和赞赏，将"牛"写入诗词、绘进画作中。敦煌壁画里也出现了众多牛的形象，就让敦煌的"牛儿"为大家送上一份"牛气"的祝福吧。

矫健的牛：野牛

　　作为温顺家牛的"前辈"，野牛的强壮勇猛和速度超群震撼人心。在莫高窟第249窟窟顶就存有距今1400多年前的两头野

莫高窟第 249 窟　野牛　西魏

牛形象。窟顶北披一头受到惊吓的野牛肌肉健硕紧绷，正扬蹄奋力疾驰，边逃边回头，惊恐的眼神透露着它的慌张；窟顶南披的野牛却慢吞吞地在山林间行走，似正懒洋洋地晒着太阳，舒展放松，悠闲自得。

　　两头野牛遥相呼应，寥寥几笔的速写，勾勒出了两种截然不同的状态神情，仿佛片刻它们就要脱壁而出，来到我们面前。

"牛儿"勇敢向前冲

莫高窟第61窟·耕作　五代

莫高窟第23窟　雨中耕作　盛唐

勤恳的牛：耕牛

从新石器时代起，人们就开始了对野牛的驯化。驯化后的牛作为农业生产的主要役畜，大大促进了农业生产力的发展。

在敦煌壁画中，保留着许多农作的画面，耕牛的身影更是频频出现。无论是乌云密布、闪电倏忽的日子，还是日高曝晒、异常炎热的时候，在农夫挥鞭犁地时，耕牛都是独一无二的农活好帮手。

它们俯首喘着粗气，奋力牵引犁头，不惜气力地耕耘着脚下的每一寸土地，为人们的来日新粮播撒下希望。

榆林窟第25窟　耕牛　中唐

莫高窟第117窟　耕牛　盛唐

"牛儿"勇敢向前冲

莫高窟第61窟　牛车　五代

多用的牛：运输牛

早在 3000 多年前的商代，牛就被作为拉车的"主力选手"方便人们的生活。《世本·作篇》中"胲作服牛"记载了商族先公王亥在牛车驾驭使用方面的成就贡献，《管子·轻重戊》里"殷人之王，立皂牢，服牛马，以为民利而天下化"的记载，也充分说明我国先民在商代就已掌握了驾驭和使用牛车。

早期的牛车构造简单，主要作为运输重物、柴草谷物的工具，为古代农家普遍使用。莫高窟第 148 窟南壁的运粮柴车就是这样的一种运载工具，车舆由底板和低车栏构成，双轮双辕，可以满足简单的运输需求。

后来，人们追求出行的舒适体验，由于牛车行驶平稳，车厢较大且有遮挡，可以自由坐卧，极大地增强了人们乘车的舒适感。因而从东汉末年起，牛车逐渐成为人们出行的主要代步工具。在莫高窟第 61 窟里就有这样一辆豪华通辆牛车，车顶上罩一张大帷幔，车舆描绘细腻，装饰富丽堂皇，为研究古代车辆构造及装饰提供了珍贵的形象资料。

莫高窟第148窟　牛与车　盛唐

在中国数千年的文明进程中，牛除了为人们提供生产生活的帮助外，还在中华民族精神的塑造上有着巨大的影响。宋代诗人陆游《饮牛歌》说："勿言牛老行苦迟，我今八十耕犹力。"牛的坚韧不拔、无私奉献的品格历来为人称赞。"牛"这一形象代表的人文精神，早已成为中华民族优秀品质中不可或缺的要素，蕴涵着中华民族生生不息、奋勇前行的"精神密码"。

嗷呜
"萌虎"出击

榆林窟第2窟　猛虎下山　西夏

在远古时代，老虎对人类而言威胁极大，在人类文明的长河中具有极强的象征意义，被赋予了"山兽之君"的称号。石器时代，在宁夏贺兰山岩画、内蒙古阴山岩画等画面中都大量出现了老虎的形象；河南省濮阳市西水坡仰韶文化古墓出土的虎纹蚌塑中，可以窥见殷商时期人们对老虎的狂热崇拜。

虎兽崇拜已经与社会文化、风俗习惯、宗教信仰等紧密关联。在敦煌壁画中，虎的形象不但作为主要情节推动内容发展，还作为装饰图案点缀其间。老虎的形象有的写实性极强，细节描绘栩栩如生；也有的极为抽象，几乎不见虎形；有群像画，也有独幅画……无一例外地表达了时人对老虎的熟悉及喜爱。

山君出猎：猛虎下山，蓄势待发

为便于更好地识别壁画内容，画工在绘制壁画时会更偏向于写实的手法。榆林窟第 2 窟东壁这幅"猛虎下山图"可以说是其中精品，虽然壁画大部分地方已然出现起甲脱落等情况，但仍然可以感受到正在被老虎凝视的紧迫感。它充满力量的身躯、流畅的虎纹、威严的气势、蓄势待发的状态被画工精确地用笔墨描绘了下来。老虎作为食物链顶端的动物之一，它的凶猛霸气自是不必多说，老虎极具侵略性的视线对人类而言几乎是噩梦般的存在。

莫高窟的药师经变中时有表现"九横死"的内容，其中"恶兽啖"的情节就讲述了有人深夜独自进入危机四伏的山林，遭遇

莫高窟第 249 窟　狩猎图　西魏

莫高窟第 159 窟　猛虎出击　中唐

猛兽而亡，本可以携伴同行或错时出行避免灾祸，却偏偏丢失了性命。只见图中一位毛发炸起、惊慌失措的人在拼尽全力狂奔，不时惊恐地向后张望。一只老虎紧随其后，已然逼近，硕大的虎目紧紧锁定目标，虎口獠牙清晰可见，给人以浓浓的压迫感。威严凶猛的"山君"在领地中纵横无敌、大战四方，却也会满腹情感、无措不安。

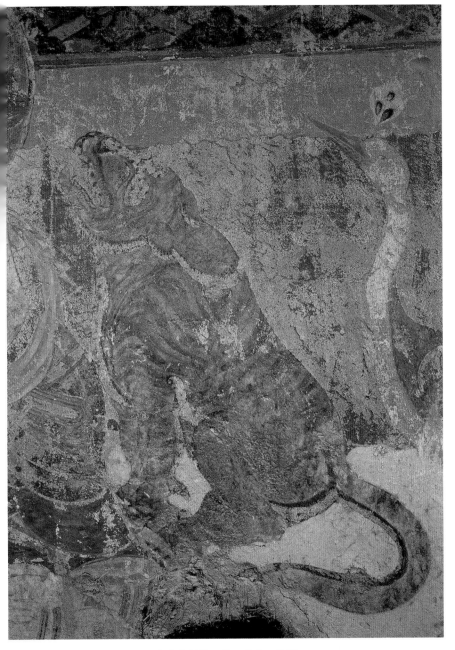

东千佛洞第 7 窟　哀虎　西夏

啾呜"萌虎"出击

虎兽多情：哀心切切，亲缘脉脉

　　印度有养虎圈狮的习俗，而驯服猛兽并将其度化，也是僧人的一大功德。敦煌藏经洞出土的绢画中就有携虎行脚僧的形象，由此可知猛兽与人的关系其实也可以非常亲密。东千佛洞第 7 窟涅槃经变哀悼的队伍中，出现了一只被拟人化了的老虎，老虎涕泪横流，耳朵紧贴脑袋，蹲坐在地上悲痛不已。此时画工笔下的老虎不再凶猛，而是对帮助过它的人心存依恋。老虎与人况且如此，老虎与幼虎之间更不必多说了。

　　山林间有母虎带着幼虎艰难地生活，画面中的母虎不复往日威猛，略显瘦弱；可虎仔不知生活困苦，有的在母亲面前扑咬玩闹，有的伏行张望，还有的蜷缩成一团呼呼大睡。母虎蹲坐中间慈爱地看着，却又因饥饿而陷入茫然无措，这是萨埵太子出猎时所见的景象。《萨埵太子本生故事》讲述了释迦牟尼前世行善的事迹，太子与兄弟出行打猎，偶遇羸弱不堪的老虎，若不及时解救，怕是命不久矣。于是萨埵太子引开了同行的兄弟，返回林中，用自己的肉身喂食老虎，解救了虎群。察觉情况有异，萨埵太子的兄弟们返回寻找，却只见萨埵的尸骨。父母兄弟悲痛不已，只能将尸骨带回，起塔供养。故事虽充满神异色彩，但也表现了人对动物的保护行为，以及与动物和谐共处的场景。

虎兽崇拜：纹饰于殿，宁心静神

人与老虎的羁绊可以从上古时代说起，虎被人类赋予大量的神话色彩，人们畏惧老虎的同时，也希望得到老虎的庇佑。在神话时代有四大神兽镇守四方，分别为东方青龙、西方白虎、北方朱雀、南方玄武，其中白虎骁勇善战，庇护西方的土地和人类。石器时代以及青铜器时代流行虎兽崇拜，如湖南出土的青铜器商《虎食人卣》，人紧抱虎头的形象，表现了古时人们崇虎敬虎、寻求虎的庇佑的心理。敦煌壁画中常见虎形纹样，除了装饰作用外，也有驱邪避祟的含义，守护心神安宁。

虎象征着威严权势、勇敢无畏，有祈福避邪之能。东汉应劭著《风俗通义·祀典》中云："画虎于门，鬼不敢入。"因此老虎又有"镇宅神虎"之责。作为十二生肖中的一员，老虎也代表着先祖希冀这一年虎虎生威的美好祝愿。

啾呜"萌虎"出击

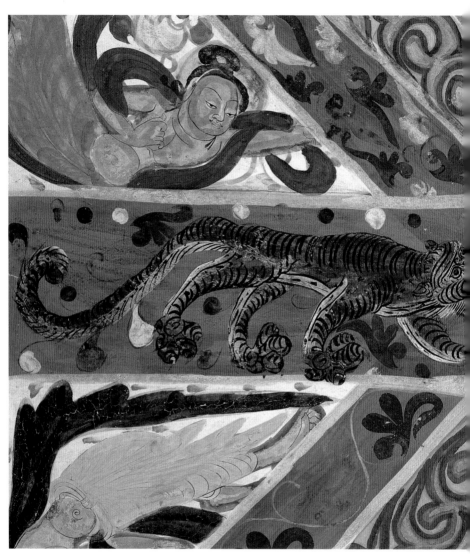

莫高窟第 428 窟　虎纹　北周

啾鸣"萌虎"出击

法国吉美博物馆藏　携虎行脚僧　唐

竖起耳朵
"兔"出重围

莫高窟第 205 窟　三兔莲花纹藻井　初唐

"小白兔白又白，两只耳朵竖起来，爱吃萝卜和青菜，蹦蹦跳跳真可爱……"这首耳熟能详的童谣，是无数人童年的美好记忆。

几千年来，兔子因其性情温顺、活泼可爱深受我国先民的喜爱。"有兔爰爰，雉离于罗""肃肃兔罝，椓之丁丁"，早在《诗经》时代，兔子形象无与伦比的生命力和亲和力，就使得它成为人们寄托情思、借景抒情的意象和母题，频繁出现在诗词、画作中，充分展示着古人的生活智慧与精神信仰，敦煌壁画也不例外。

迅敏智慧：山林中奔跑的兔

兔子"狡兔三窟"的智慧与遇到天敌时如离弦之箭般的逃脱速度，历来为人称道。我国先民从兔子筑窟营穴和逃脱奔跑中汲取了大量的生存智慧。《战国策·齐策》中的著名典故"狡兔三窟"和《孙子兵法·九地》里"是故始如处女，敌人开户；后如脱兔，敌不及拒"的描述，就是兔子的迅敏智慧对人类生存和发展策略的启迪之证。

在莫高窟第285窟西披的山林间就画有一只小白兔，兔子长长的耳朵放松后耷，似还没有察觉身后正悄悄逼近的老虎。画工仅用概括简练的线条就勾勒出了兔子的形象动态，逼真传神，充分体现出绘画技巧的娴熟。

而绘制在第428窟东壁的这只聪慧矫捷的小白兔正在山间疾奔，长长的耳朵警觉地高高竖起，强健的后腿紧绷蹬地，似在随

莫高窟第 428 窟　山林中的兔子　北周

莫高窟第 285 窟　山林中的兔子　西魏

时探听身后的情况。生动的画面既体现了兔子的敏捷、迅速，又表现了逃脱追捕场面的激烈紧张。

自然崇拜：月亮里捣药的兔

"月中何有？白兔捣药"，晋代傅玄在《拟天问》中对于兔与月的关系给出了朴素的解释。由于古人对时晦时明、周而复始的月亮形象的观察和认识，引发了对月亮的浪漫想象和朴素崇拜。

莫高窟第 35 窟和第 76 窟中，画工就描绘了两幅人们想象中的月宫图景。菩萨手上托着的就是月亮，金蟾、桂树和捣药的兔子在其中清晰可见。古代神话里，太阳里住着三足金乌，月亮里有捣长生不老药的玉兔。古人不知道月亮是反射太阳光而散发光

莫高窟第76窟　白兔捣药　宋

芒，只是按照肉眼所见的太阳以及月亮的颜色，赋予了月亮清幽迷蒙的光彩。寥寥数笔，翘首眺望的小兔子跃然壁上。

古代民间流传着众多关于月亮、嫦娥和白兔的传说故事。"嫦娥奔月"神话故事的出现，使得在月亮里捣长生不老药的玉兔，带有了神秘色彩。如《抱朴子》中就有"虎及鹿、兔，皆寿千岁。寿满五百岁者，其毛白色"的说法。兔子形象所代表的长寿寓意，使得中国民间衍生了众多与兔有关的民俗活动和精神崇拜。

吉祥瑞应：墙壁上共耳的兔

古人对大自然有着天然的敬畏之心，自然而然就产生了将凶吉祸福与物的善恶相对应的观念。在我国历朝历代的"祥瑞志"中，

莫高窟第302窟　三兔共耳图案　隋

竖起耳朵"兔"出重围

兔子都是重要的祥瑞之物，人们认为其怀仁抱德，《宋书·符瑞志》即载"白兔，王者敬耆老则见"，《瑞应图》中更跋有"王者德茂，则赤兔见"的传说故事。兔子形象也因其祥瑞的象征意义被广泛地应用在各种装饰图案中。

　　莫高窟壁画的众多"兔"形象里，最为经典生动、引人瞩目的还属"三兔共耳"图案。这一图案发端于隋初，流行于唐，现存 22 幅。最早的绘制在隋开皇四年（584）建成的第 302 窟天宫栏墙中，最晚的则在五代第 99 窟的藻井中。而其中的杰出代表当为第 407 窟藻井井心的"三兔共耳"。

　　藻井井心中央绘重层八瓣莲花，花心绘"三兔共耳"图案。图案主体构成呈圆形，三只兔子以等边三角形的形式均匀分布其中。呈逆时针方向奔跑的三只兔子只有三只耳朵，两两共用一耳，首尾相接，极具动感。莲花周围绘飞天、童子、比丘环绕飞行，天雨香花，彩云呈祥。画面造型优美生动，色调明快爽朗，构思奇妙。

在中国传统文化中，"三"有吉祥、完整、无限的寓意，加之兔子所象征的吉祥瑞应、生生不息的意义，使得循环往复的"三兔共耳"图案多次出现在隋至五代时期的壁画里。

在人类漫长的文化史长河里，兔子的丰富内涵、独特意蕴与中国传统文化长期融合发展，逐步演绎成为一种独特的生肖动物形象和文化符号，折射着人们对于自身和自然奥秘的探索热情，也承载着人们对于美好生活的追求与期待。

莫高窟第 407 窟　三兔藻井　隋

呼风唤雨
入钵去

榆林窟第 25 窟　龙王降雨　中唐

中国的龙文化源远流长、博大精深，从目前已知最早的近7000年前的仰韶文化古墓葬中的蚌壳龙形象，到殷商时期甲骨文中的"龙"字的出现，再到作为典型性和代表性的意象隐喻哲理、抒发情感，出现在各类文学、绘画作品中，贯穿上古至今。龙文化植根于中国人的内心深处、流淌于中华民族的血液之中，以其无与伦比的博大魅力，成为中华民族精神的象征。敦煌石窟的壁画中也保存有龙的形象，而且数量众多、内容丰富。

和风化雨：司水布雨的龙

中国自原始社会以来，便盛行对自然界多神的朴素崇拜。出于农耕文明的实际需要和对自然现象的简朴认知，我国先民便将对雨水的祈盼集中体现于龙身上，龙的形象就被赋予了中国传统文化里水神的象征意义。在壁画中还出现了将自然崇拜个性化的情况，因此敦煌石窟的水神形象便有了古人想象中的龙和类人化的龙王两种形象。

在榆林窟第25窟的北壁，就出现了古人想象中的龙王布雨场景。这里绘制的是弥勒经变，画面中描绘了弥勒下生前娑婆世界太平祥和、环境幽静，龙王每晚乘祥云布雨降水，罗刹叶华拿着扫帚在地上清扫的场景，旨在宣扬弥勒净土的无限美好与洁净。

而类人化的龙王形象则在莫高窟第36窟里多有表现。壁画中的龙王皆为人身龙尾菩萨装束，头戴宝冠，长发披肩，璎珞饰身，正手捧宝瓶、珍珠、写经等物游行海面，参拜礼佛。随行的有龙女、夜叉等。海面波涛隐约可见，岸上峭壁危崖耸峙。画面行笔劲健

莫高窟第36窟　龙王礼佛　五代

有力，线描流畅。

中国古代的水神称为河伯，名冯夷，多作龙形。敦煌藏经洞出土文献 S.5448《敦煌录》里就有"水神化为一龙"的记载。佛教中，龙王称水天，本为古印度婆罗门教的天空之神、河川之主，有行云布雨的功能。唐宋以后，河伯传说衰微，中国的水神多为龙王之说了，故而敦煌石窟里便出现了龙和类人化龙王的水神形象了。

吉祥瑞征：精神符号的龙

龙是中国古代神话中的动物之一，古人以文化兼容的心理和综合的思维方式创造了中国龙的独特形态。三国曹魏刘劭所作《龙瑞赋》，记载了一则魏明帝亲率臣僚，观赏一条五彩斑斓的龙浮于水面数十日而不离开的"祥瑞"之象的故事，可见将龙作为祥瑞、神圣的象征由来已久。龙的形象也出现在许多文物中，寄托着人们对于吉祥福瑞和美好生活的祈愿。

在莫高窟第 235 窟的藻井里，就有一条金龙环珠舞动，四周有四条金龙腾云驾雾，两翼飞动、细尾缠足，四周碧空万里、彩云环绕。尽管时过千载，但神龙的威武气势仍跃然画间。

"山不在高，有仙则名。水不在深，有龙则灵。"榆林窟第10 窟的壁面上，在青绿色调的卷草云焰中，一条来自西夏时期的巨龙腾空而起，龙身墨线勾勒彰显霸气，翕张鳞爪尽显威严。

除了腾空飞舞的龙之外，敦煌壁画中还绘有一类罕见的静态坐龙的形象。在榆林窟第 25 窟中，守宝神龙正屹立于彩云之上，正气凛然，守护着库藏珍宝，象征着守护与赐福。

莫高窟第 235 窟　五龙腾云　宋

榆林窟第 10 窟　龙纹　西夏

榆林窟第 25 窟　守宝神龙　中唐

唯德是辅：故事画里的龙

龙，承载着古人对自然未知的崇敬与吉祥福瑞的期盼，以多样的形象在历史舞台书写下浓墨重彩的一笔。而在敦煌壁画的故事画题材里，龙也有着独特的参与表现。

释迦牟尼在各处游行教化时，听闻迦叶名号，意图度化，便来到其所在地，提出要入住当地被毒龙占据的火室的想法。释迦牟尼展现种种神通，降服毒龙并化置钵中，迦叶及弟子被深深折服后皈依。此佛传故事中的高潮部分，"降伏毒龙"这一情节也被定格在莫高窟隋代第 305 窟和第 380 窟的壁画里。

呼风唤雨入钵去

莫高窟第 305 窟　毒龙入钵　隋

　　在第 305 窟的画面中，释迦牟尼结跏趺坐于莲花座上，右手托着盛有盘曲昂头毒龙的钵，左手罩于毒龙上方，表示已降伏毒龙。绘于第 380 窟北壁的降服毒龙画面中，释迦牟尼右手施无畏说法印，左手托钵置于腿上，钵内盛有上扬着头、张口吐舌的龙。

　　故事画中出现龙，或代表着核心人物的"高光时刻"，如释迦牟尼降龙；或表现宏大威严的场面，如佛传故事之九龙灌顶、须摩提女因缘故事之优毗迦叶乘五百龙飞来等场景中，都描绘了大量的龙的形象来烘托气氛，以表示祥瑞与赐福。

莫高窟第 380 窟　毒龙入钵　隋

　　龙文化是中华民族的集体记忆，凝结着几千年来亿万中国人的智慧和理想。一代代的中国人不断传承、发展和丰富了龙文化，在各类典籍文献和民俗活动中广泛留存了龙的"足迹"，赋予了其中华民族精神象征、文化标志和情感纽带的积极意义。龙文化的繁荣发展，是中华民族强大凝聚力的表现，也是中华民族生生不息的文化象征。

呼风唤雨入钵去

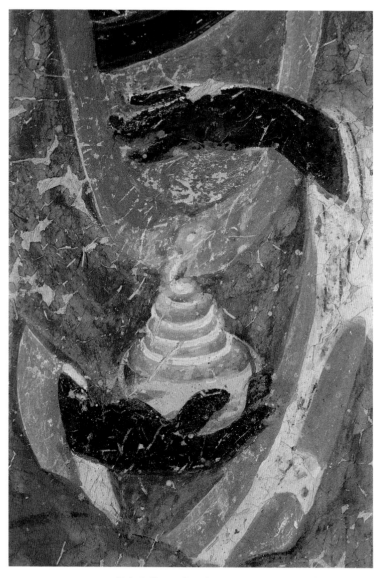

莫高窟第 305 窟　毒龙入钵　隋

注意！前方
“蛇出没”

在中国传统文化中，蛇具有吉祥与凶险的双重身份。在古人的认知里，蛇既拥有神的特性，又是龙的前身，所以蛇在中国有着极为丰富的文化内涵和吉祥寓意，它象征着美丽多姿、痴情重义、灵活应变等意义。因此，在民间艺术中，无论是在壁画雕塑、服饰纹样，还是在古代神话、小说戏剧里，都能看到"蛇"的身影与风采。

在敦煌石窟中同样保存有许多"蛇"的形象，可谓种类丰富、千姿百态。接下来就让我们集中注意力，一起"进窟寻蛇"！

莫高窟第 74 窟　盛唐

凶恶狠毒：令人闻风丧胆的蛇

毒蛇是指能分泌特殊毒液的蛇类，作为"出手敏捷"的捕猎者，它们用毒牙中流出的毒液使猎物中毒，为人熟知的眼镜王蛇、竹叶青蛇、尖吻蝮等就属于毒蛇的范畴。古人也有借用"杯弓蛇影""一朝被蛇咬十年怕井绳"等众多与蛇相关的成语、俗语来比拟蛇的形象，从侧面反映出人们对毒蛇的畏惧。

莫高窟第74的壁画中就定格了一个"惊心动魄"的瞬间。画面中一条蛇举首吐信，与四只猛兽将一名男子围困在中间。猛兽们有的坐立、有的低头、有的行走，还有的扬头吼叫，形态各异，凶恶可怖。在绘制方面，画中的黑色粗线条用笔大胆自如，甚至有粗犷之感，虽然历经千年变迁，但在今天看来仍有一番独特而微妙的美感。

在莫高窟第 112 窟的观音经变中，也画有几条蛇，它们与蝎子、老虎等正在围困一名男子。男子盘腿而坐，双手合十，口诵观音菩萨名号，以求解脱危险。这一情节正是表现《观世音普门品》中"蚖蛇及蝮蝎，气毒烟火然，念彼观音力，寻声自回去"的经文内容。古代画工通过丰富的想象力和表现力，画出了蛇、蝎子和老虎口吐火苗气焰，营造出危险紧张的氛围。

圣洁吉祥：充满正能量的"蛇"

我国先民对蛇的尊崇最早可以追溯到远古时期。在上古神话传说里有很多关于人们尊蛇为始祖神、信仰蛇神的故事。先秦古籍《山海经》里同样记述了许多与蛇有关的"奇珍异兽"。这些情况的出现，极大程度是因为古人生存条件险恶，而自然界中的

莫高窟第 285 窟　伏羲女娲　西魏

莫高窟第 249 窟　玄武　西魏

蛇凶恶狡猾，没有四肢，却能飞快爬行，肤感又冷又滑，且难以
降伏。在这些奇怪特点的影响下，蛇在人们的心中逐渐被神化了。

　　人类始祖伏羲和女娲与蛇的关系非常密切，都是人首蛇身的
形象。王延寿《鲁灵光殿赋》中"伏羲鳞身，女娲蛇躯"，《列
子·黄帝篇》"庖牺氏、女娲氏……蛇身人面"的描述，与莫高
窟第 285 窟的"伏羲女娲"基本相符。画面中，左侧为伏羲、右
侧为女娲。伏羲一手持矩、一手持墨斗；女娲左手持圆规、右手
持绳尺。两者身着汉装，飘带随风飞扬，下身蛇尾利爪，行进于

流云天际。伏羲女娲出现在莫高窟的壁画里，是中国传统神话思想与佛教内容互相结合的表现。

古人认为蛇和龟是延年灵兽，象征吉祥。在中国传统神话中，龟与蛇相结合的神灵就是玄武了。《文选》卷十五张衡《思玄赋》曰："玄武宿于壳中兮，腾蛇蜿蜒而自纠。"李善注云："龟与蛇交曰玄武。"敦煌藏经洞出土文献 P.2683《瑞应图卷》记载："似龟而黑色长负蛇而行，北方神兽。"作为四大神兽之一的玄武，在莫高窟中也有绘制。第 249 窟中玄武的造型是在写实的基础上带有些许夸张，龟的头部像鹿，壳以赭色涂染，长蛇穿腹缠绕。龟蛇相交，两头相对。整体画面生动活泼、趣味十足。

力大无穷：倒拔"垂杨柳"的蛇

自然界中，有的蛇用盘绞的方式捕食猎物，且体形越大、力量越大。在榆林窟第 16 窟主室东壁的劳度叉斗圣变中，就画有一条十分生动的巨蛇盘树情节。画面中，一株年久根深的大树，被一条巨蛇紧紧缠绕，加之狂风劲吹，树被连根拔起。巨蛇双目如铜铃，口中厉牙蛇信毕露，样貌十分恐怖。敦煌藏经洞出土文献中的《降魔变文》也有"辞佛故来降外道，次第总遣大风吹。神王叫声如电吼，长蛇擒树不残枝"的描述，从侧面反映出蛇是位"大力士"，它的力量是不容小觑的。

天龙八部是佛教护法、听经的八位天众，他们分别是"天""龙""夜叉""乾达婆""紧那罗""阿修罗""迦楼罗""摩睺罗伽"八个部众首领。他们是敦煌壁画中常见的题材，通常画在佛的两侧。这些形象被视为天地生灵中英武勇猛的代表，

榆林窟第16窟　巨蛇　五代

榆林窟第 25 窟　摩睺罗伽　中唐

起到镇窟护法的作用。在石窟艺术中，古代画工把这些神灵赋予了类人化的面貌，而其中的摩睺罗伽就是一位与蛇有关的形象。据说，摩睺罗伽为大蟒神，无足腹行，属于乐神。在敦煌石窟里，以榆林窟第 25 窟的摩睺罗伽最为经典传神。画面中，摩睺罗伽面含笑意、沉着稳重、眼视前方，头部盘有一条怒目圆睁、大口张开的蟒蛇。整体形象威严虔诚，极富浪漫想象。

蛇在中国传统文化中具有丰富的内涵和价值，尤其在古人的眼里，蛇有许多特有的美好寓意，诸如幸运、神圣、长寿等。蛇文化起始于对蛇的恐惧与崇拜，蛇的灵瑞和吉祥传达出古人对神灵始祖的敬仰，在一定程度上也充分表达出人们对美好、幸福、平安的祈愿和向往。

"马上"来看
"敦煌马"

莫高窟第 257 窟　九色鹿本生·北魏

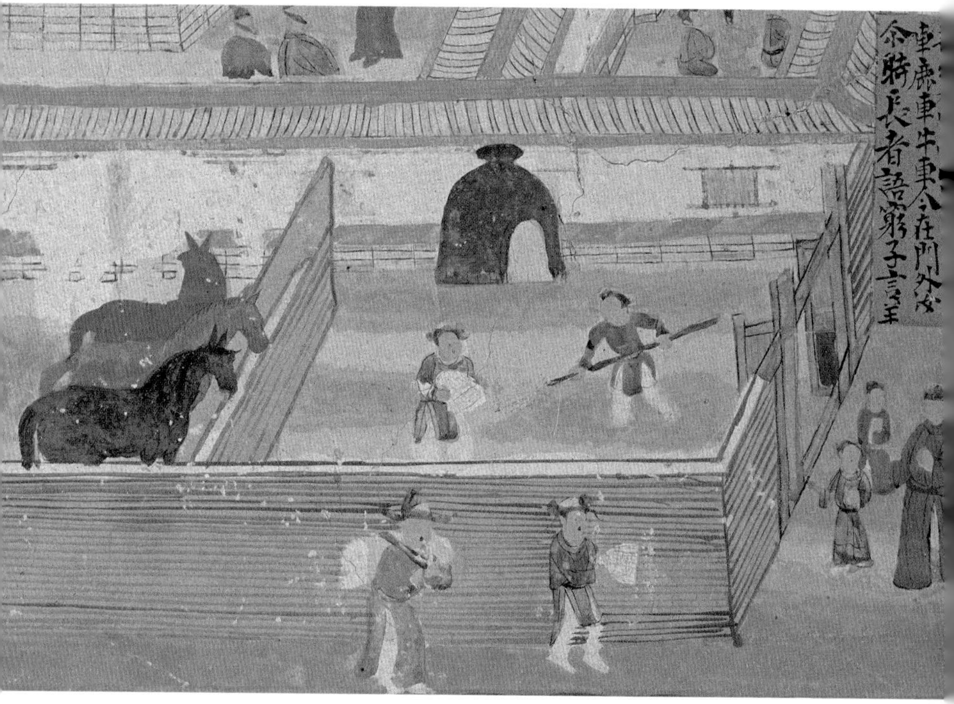

莫高窟第 98 窟　马厩　五代

马文化是中国传统文化的重要组成部分，马具有奋斗不止、忠诚刚毅、吉祥祝福、征服自然等精神象征和文化内涵。因此，马也成为各代画家们争相描摹的对象，唐朝韩幹、北宋李公麟、元朝赵孟頫、现代徐悲鸿等都是画马的高手。在敦煌石窟里也保存有许多马的形象，风格迥异，绘制精美。

马的管理：驯服与养护

纵观人类的发展历史，马是人类较早结识并驯化的动物之一。在莫高窟第 290 窟的壁画中，就绘有一个驯马的场景。画面中，一位高鼻深目、脚穿长靴的胡人驯马师，一手扬鞭，一手持缰，两眼盯着面前的枣红色骏马。我们可以看到这匹马重心向后，扬起右蹄，桀骜不驯，但从画工描绘的细节可以看出马还是有几分

莫高窟第 290 窟　驯马　北周

"马上"来看"敦煌马"

畏惧退缩的态势，这也表现出驯马师"工作经验"的丰富。

马政是指我国历朝历代对官用马匹牧养、训练、使用等的管理制度。"马政"一词最早见于《礼记·月令》："游化别群，则絷腾驹，班马政。"注曰："马政，谓养马之政教也。"秦汉时期就已建立了较为完整的马政机构，大规模经营马场，唐代在经营管理上又进行了改进。据敦煌藏经洞出土文献记载，唐代敦煌就有官办或由官府控制的马坊、马社等。

莫高窟第98窟就保存有五代时期绘制的马厩。画面中，隔墙把马厩分为内外两间，内间是马匹的活动场所，外间是养护场所。马厩里有三匹骏马，颜色各异，膘肥体壮，精气神十足。两位养护人员正在准备饲料，颇具生活意趣。这为研究唐至五代的马厩规制提供了非常珍贵的形象资料。

与马同行：人类的帮手

马在中国有着悠久的历史，因其具有四肢强健、善于奔驰、灵通人性、任劳任怨等"闪光点"，很早就被人们选中，进入日常生活的方方面面，比如交通运输、军事仪仗等。

在敦煌壁画中保存有许多表现"乘骑托运"的图像。莫高窟第257窟《九色鹿本生故事》里绘有一辆马车，这辆马车双辕双轮，全封闭式车舆，圆弓形顶盖，是敦煌壁画中最早出现的车辆图像之一。拉车的是一匹高大修长、筋骨劲健、灵动雅逸的骏马。可以看到这匹马儿正低头抬蹄，好像正在蓄力提神，准备昂首奔腾。画工通过艺术化的表现手法，让这匹骏马极富动态美感。

莫高窟第 257 窟　挽车白马　北魏

莫高窟第 12 窟　作战　晚唐

"马上"来看"敦煌马"

在漫长的冷兵器时代，马曾扮演过重要的角色。在莫高窟第12窟中就绘有一幅战争场面图。画面中两座城池分列河的两岸，战鼓喧嚣，战旗飘扬，两方士兵骑着战马冲阵厮杀、箭飞弩张，看起来十分紧张。湍急的河流中，有正欲上岸的受伤战马，也有落水挣扎的士兵，在一定程度上反映了唐代作战场面以及战争的冷酷无情。

在古代，马匹除了作为交通和运输工具以外，还作为帝王和命官的仪仗设置，称"仗马"或"仪马"。莫高窟第156窟《张议潮统军出行图》中绘制有很多马匹，画面中展现的是张议潮出

莫高窟第156窟 仪卫马队 晚唐

行的仪卫马队，前面四匹为军乐队，后面五匹为军队仪卫，马匹均背面站立，造型准确，色彩丰富，有的皮毛还有花斑。每匹马看起来都精神十足，腹股丰肥，充满力量感。

天马行空：关于马的浪漫想象

《山海经·北山经》记载："又东北二百里，曰马成之山，其上多文石，其阴多金玉，有兽焉，其状如白犬而黑头，见人则飞，其名曰天马。"天马是古人对马的浪漫想象和艺术表达。

敦煌石窟里的"天马"有的肩不生翼，但能凌空疾驰，有的

莫高窟第 257 窟 天马 北魏

"马上"来看"敦煌马"

榆林窟第 10 窟　翼马　西夏

莫高窟第 249 窟　翼马　西魏

肩生双翼，凌空飞奔。

敦煌壁画中最早的"天马"，出现在北魏须摩提女因缘故事中，佛弟子大迦叶化乘 500 匹马赴会。图中用 5 匹马来代表 500 匹马，马匹肩不生翼，依靠神力在天空中疾驰飞腾，看起来轻盈灵动、飘逸俊美。

莫高窟第 249 窟窟顶北披绘制的翼马，体态俊健，通身蓝色，羽翼以赭黄勾勒，极具神秘之感。画面中流云相伴，翼马扬蹄，浪漫生动。

西夏时期的翼马多绘制于洞窟的边饰中，榆林窟第 10 窟藻井外围的装饰花边图案里，画有一匹通体白色、回首奔驰的翼马。马的羽翼用蓝色留边填涂，细腻精致，两条前腿交叉腾踏，两条后腿凌空飞奔，臀部和大腿肌肉丰肥发达，极富力量感。整体造型简练、体态优美，是翼马形象中的佳作。

是马非马：古人童年里的竹马

嬉戏是孩童的天性，因时代背景、物质基础和生活习惯的差异，嬉戏的方式各不相同。骑竹马是幼童模仿成人、以竹代马、来回奔跑的游戏，唐代著名诗人白居易曾作诗云"笑看儿童骑竹马"，可见此类游戏非常流行。在莫高窟第 9 窟的供养人行列中就画有一骑竹马的儿童。画面中，孩童一手握竹马，另一手拿着带有竹叶的竹梢，抬头看向礼佛的妇人。整个画面看起来生动自然，极富意趣。

驰骋天地，纵横古今，马的矫健雄伟、忠实刚烈、傲岸不羁、勇敢坚定也一直鼓舞着人们勇往直前。

莫高窟第 9 窟　竹马　晚唐

咩咩咩的
羊羊羊

自远古时代起，羊的形象就开始频繁出现于各地的岩画之中，而"羊"作为文字，始见于商代甲骨文及商代金文。甲骨文"羊"字头下有一双眼睛，意指羊的目光温顺，且"善"字从羊从口，所以羊成了善的象征。东汉许慎《说文解字》曰："羊，祥也。"代表吉祥如意的美好意蕴。羊既有长髯又通吉祥，因此在今本晋崔豹撰的《古今注·鸟兽》中，羊又称作"髯须主簿"，有做官之相。

如此可见，羊在中国传统文化中占据着非常重要的地位，不但在典籍文献中大量出现，还在艺术创作中频频现身。敦煌壁画中的羊除了装饰作用外，还大量穿插在故事画及经变画中，作为其中情节出现。

善恶有度：勿逐利而滥杀乱牧

汉字中与"羊"有关的"羞、鲜、羔、羹"都与美味有关。《说文解字》曰："美，甘也。从羊，从大。"徐铉注释说："羊大则美。"可见"美"是由羊大而味甘而来。作为最早被驯养的动物之一，羊的鲜美自然不用多说。

在莫高窟第9窟楞伽经变中描绘了一位猎户抓到了一只山羊，准备赶去屠户家售卖，突然有一人出现并劝说猎人不要杀生。画面中的山羊极为写实，即将面对死亡却显得从容淡定，眼神中并无惊恐之色，平静淡漠的神情，不禁令人反思：为追逐享乐而不加节制地放任贪欲是否会招来惩戒并承担过错。

善恶有度，凡事需要留有余地。为追求鲜美而不加节制地浪费、为追求利益而不计后果地捕杀，最终一切后果都将反噬到人类自身。

咩咩咩的羊羊羊

莫高窟第 9 窟　山羊　晚唐

"善"字从羊：羊初生，知跪乳

《三字经》中有"羊初生，知跪乳""人之初，性本善"的语句，《说文》中有"羊为群，犬为独"，可见羊善良且有一定的社会性，喜欢过群居生活，所以"群"字也从羊。最初善也有吉祥的意义，大约人们认为若羊能开口必为一种大吉之兆。而羊"跪乳"的习性被视为善良知礼，甚至被后世演绎为孝敬父母的典范。

莫高窟第 290 窟中出现了正在哺乳的羊。画面中的母羊静默站立，小羊后腿微屈，前腿呈怀抱状态，正在仰头吮吸乳汁。画工以简约的线条勾勒出生命传承之美，将羊的形象刻画得入木三分。特别的是：此处画工描绘了西北地区羊的另一野生种群——盘羊，如今敦煌地区仍有少量分布。

莫高窟第 290 窟　哺乳的羊　北周

三乘归一：运载度化，普度众生

在莫高窟第 61 窟主室南壁上有三辆车，此处绘制的内容是《法华经》中的火宅喻，佛以牛车、鹿车和羊车三种交通工具运载众生度越生死到涅槃彼岸，这三种交通工具也分别代表三种方法，即"声闻乘""缘觉乘"和"菩萨乘"。声闻乘的目标是使自己从这个苦痛的世界中解脱出来，实现烦恼的熄灭；缘觉乘是那些通过修行、切入事物互即互入之本质而开悟的人；在菩萨乘中，要帮助所有的人开悟。三种不同的修行方式均可成佛，也无高下之分，其区别仅在于"体积"及"能量"的不同。

咩咩咩的羊羊羊

莫高窟第76窟　八塔变中的山羊　宋

　　中国古代典籍中也有"羊车"的记载，东汉刘熙著《释名·释车》："羊车。羊，祥也；祥，善也。善饰之车。"即装饰非常精美的车被称为羊车。《晋书》卷31《后妃传上·胡贵嫔传》记载晋武帝常乘羊车在宫内游幸，但据《隋书·礼仪志五》记载，此处的羊车是由矮种马驾驭，并非实际意义上的羊，因此羊车不论在佛教典籍中还是在史家记载中，都是仅有象征意义而非有实际功用的车。

　　羊不但在人们的衣、食、住等方面有较高的实用价值，还蕴含着美好、吉祥等象征意义。"羊""阳"两字同音，因此古人认为羊象征阳气，与太阳联系密切。羊在中华文明中所象征的善与美、祥和与平安，都代表着人们对美好生活的殷切期盼。

"猴哥猴哥"
了不得

猴在中国传统文化中代表着自由、聪慧的品质，也是艺术创作的灵感源泉之一。在敦煌石窟中，就留下了丰富的猴子形象，有的机敏活泼，有的虔诚可爱。这些猴子跃然于壁面之上，定格瞬间，流传千年。

逍遥天地："放飞自我"的猴子

早在先秦的典籍中，猴的形象就已经出现了。《诗经·小雅·角弓》云："毋教猱升木，如涂涂附。"这是目前文字记载中所能见到的最早有关猴的描述，也展示了其顽皮机敏的个性。

在莫高窟第 285 窟窟顶西披，就有两只可爱的小猴子于山涧林木中玩耍嬉戏。画面中，一只猴子坐于怪石之上作搭手瞭望之

莫高窟第 285 窟　山巅猕猴　西魏

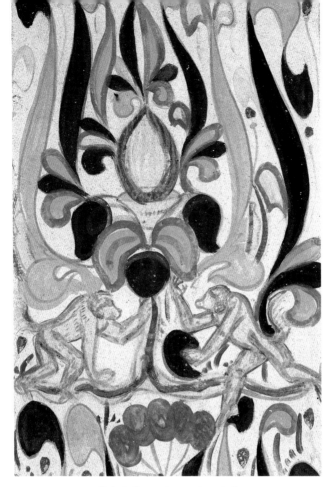

莫高窟第 428 窟　双猴　北周

状，与之对应的猴子脚踏枝叶，一只手扶着石头，另一只手拉着
飘带，回首瞭望。简练的线条勾勒出猴子的轮廓，眼部点上绿色，
增添了灵动之感。这幅"山巅猕猴图"篇幅不大，却为佛国天地
注入了灵动的生机。

　　莫高窟第 428 窟 "人"字披顶上绘有妙趣横生的莲花忍冬双
猴纹，画面中两只猴子攀枝跃动，似在打闹穿梭，颇有情趣。画
面整体色彩以蓝、绿、赭为主，看起来清新明快。

莫高窟第 285 窟　山巅猕猴　西魏

莫高窟第285窟　山林　西魏

莫高窟第76窟 猕猴献蜜 宋

与佛结缘："得意忘形"的猴子

在自然界中，猴子属于灵长类动物，机智敏捷、顽皮可爱、滑稽幽默，模仿能力强，有着与人类极为相近的习性。

莫高窟第76窟八塔变中绘制有猕猴献蜜的故事，主要讲述一只猕猴虔敬礼佛，向释迦牟尼供养蜂蜜受到接纳，高兴得手舞足蹈，不幸失足落井，轮回重生成为天人的故事。

画工在刻画猕猴形象上极富巧思。采蜜时的猕猴满身长毛，猴相十足；向佛献蜜时的猕猴也通身长毛，但是面部变化较为明显，已有几分人相；舞蹈时，猕猴浑身毛已脱尽，除耳朵还像猴耳、短尾尚存外，与人几乎无异；轮回升天时，则完全变为年轻俊俏的天人了。

画面通过描绘猴向人样貌特点的"进化"，来诠释万物有灵的概念和佛家的因果思想，寓教于画，生动有趣，将猴子活泼、顽皮、灵动的性格特点表现得淋漓尽致。

大圣来也：人尽皆知的猴子

齐天大圣孙悟空，可谓是中国民间家喻户晓的神话人物，他聪明忠诚、疾恶如仇，倍受中国老百姓的喜爱。

在榆林窟第3窟文殊变中，画有一幅礼拜场景。画中僧人双手合十，遥礼普贤菩萨，身后有一个猴相僧人同样双手合十，虔敬礼拜，还有一匹健美俊逸的白马，驮着散发光芒的包裹。整幅画面颜色简淡，线条优美细腻。

这幅壁画在一定程度上与明代吴承恩所写的《西游记》有相

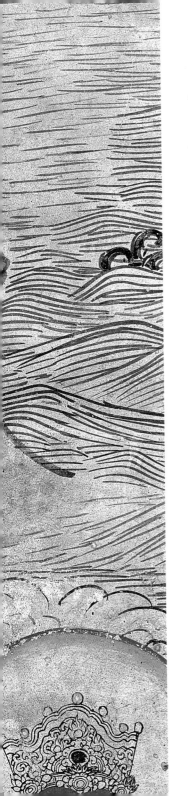

像性，似是玄奘师徒取经而归故事情节的画面表现。但是，此幅壁画绘制于西夏时期，比《西游记》成书早约300年。

在中国，从民俗到艺术、从诗歌到小说，都可以看到猴子的身影。猴有着自由敏捷、聪明灵巧、智勇双全、重情好义等吉祥意象，常常与其他传统的生灵一起，成为中华民族表达增福益寿、富贵美好的祥瑞象征。

"猴哥猴哥"了不得

东千佛洞第 2 窟　猴行者　西夏

小鸡小鸡
咕咕哒

莫高窟第 285 窟　马鸡　西魏

鸡，是人类最古老的朋友之一，自打驯化以来就同人类生活产生了牢固紧密的联系。在中国传统文化中，鸡一直是一种身世不凡的灵禽。从中国创世神话里第一日所造之物，到吉祥和光明的象征，再到"文、武、勇、仁、信"五德美誉之禽，我国先民赋予了它诸多美好的寓意。千百年来，不论是出土文物、风俗习惯，还是历代文人墨客吟诵描绘的对象，鸡的形象总是频频出现在大众视野。敦煌石窟的经变画、故事画以及装饰图案中也描绘了许多惟妙惟肖的鸡形象。

光彩生动：装饰纹样里的鸡

自古以来，以鸡为题材创作的各类艺术作品不胜枚举，而画鸡作品和习俗也由来已久。自周开始，我国就有画鸡的习俗，汉代门神画里的鸡，唐代成型、宋元成熟的锦鸡画，都展示了丰富多彩的鸡形象。敦煌壁画里也出现了大量形象独特、写实性较高的鸡。

最为独特的，当属莫高窟第 285 窟和第 288 窟的马鸡形象。在第 285 窟的南壁禅窟门上饰有两只蓝色的马鸡，站立在缠枝忍冬纹中，它们相对而立，双眼圆睁，低头引颈，尾巴高高翘起，神态盎然，似准备啄门，平添了几分生机。

而第 288 窟的"人"字披上也画有一只蓝色的马鸡，它正衔着一株草，站于莲花摩尼宝珠之上，姿态神采飞扬，笔触真实细腻。石青与石绿晕染表现的羽毛色彩，既光彩夺目又栩栩如生。

莫高窟第 285 窟　马鸡　西魏

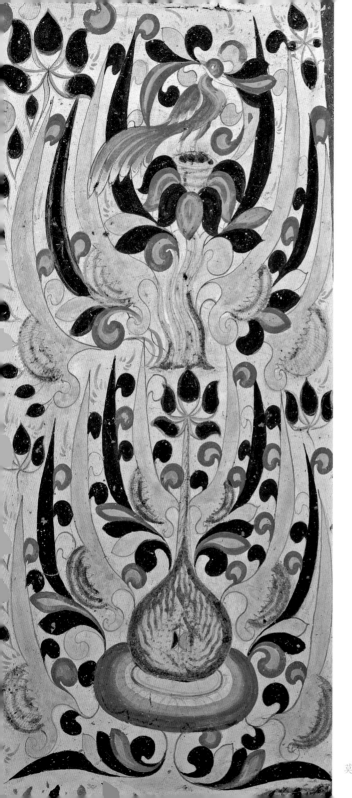

莫高窟第 288 窟　马鸡　西魏

莫高窟第 285 窟　斗鸡　西魏

威武昂扬：正欲争斗的鸡

斗鸡之俗，春秋已有。《春秋左传·鲁昭公二十五年》里 "季、
郈之鸡斗。季氏介其鸡，郈氏为之金距……" 的记载，就描写了季、
郈两个贵族间的斗鸡故事，这是最早文字记载斗鸡活动的资料，
此时斗鸡还是贵族的一项娱乐活动。至战国，斗鸡之风已进入
平民百姓的娱乐生活。到唐时更是风靡全国，敦煌文献 P.2552、
P.2567《唐人选唐诗》之《寒食卧疾喜李少府见寻》就有 "喧
喧斗鸡道，行乐羡朋从" 的记载。至今，我国民间仍有一些地
方盛行斗鸡活动，只是规模难与古时相提并论。而在莫高窟第
285 窟南壁的《五百强盗成佛故事画》中的屋顶上，就有两鸡
相斗的场景。

　　　小鸡小鸡咕咕哒

画面中，两只斗鸡尖喙大张、利爪高抬，脖羽张裂、尾羽高竖，似下一秒就要闪电般奋起进击。斗鸡形态逼真，动势盎然，力量感十足。这幅斗鸡的激烈场面，与故事画本身并没有直接联系，只是为了烘托五百强盗与军队的争斗气氛，是敦煌壁画中现存的唯一一幅斗鸡图，也是莫高窟最早反映斗鸡形象的珍贵资料。由此画可证，西魏时期斗鸡的习俗已盛行于人们的娱乐生活中。

引佛前行：经变画里的鸡

在中国传统丧葬文化中，鸡是吉禽，是吉祥的使者、光明的先知，象征着驱除黑暗、迎接光明。《礼记·丧服大记》中就有"如画幡，幡上为雉"的记载。"棺上立鸡"是一种象征性的标志，有其象征寓意。

莫高窟第 332 窟　棺上立鸡　初唐

莫高窟第148窟　棺上立鸡　盛唐

莫高窟第 61 窟　棺上立鸡　五代

在莫高窟第 332 窟南壁、第 148 窟西壁的涅槃经变里，以及第 61 窟北壁佛传故事画的出殡图中，就画有"棺上立鸡"的场景。画面中，有鸡立于释迦牟尼的金棺之上，羽毛丰满，姿态昂扬。

从《诗经·郑风·风雨》里"风雨如晦，鸡鸣不已。既见君子，云胡不喜"的描写，到唐李白在《梦游天姥吟留别》里"半壁见海日，空中闻天鸡"的叙述，再到唐李贺在《致酒行》中"我有迷魂招不得，雄鸡一唱天下白"的感叹，人们对鸡的赞美不绝于耳，充分体现了鸡在古代社会生活中的重要地位，寄托着古人对勇敢刚正、忠诚守信等优良品行的美好追求。

"汪汪"声里
说"旺旺"

在远古时期，狗的先祖在与人类相互试探的过程中，放下戒备，逐渐缩短了与人类之间的距离，成为人类最早的伙伴。在距今约10000年前的河北徐水南庄头遗址中就发现了狗的遗骸。随着狗与人类相处的时间越久，在人类社会中承担的社会职责也越发丰富。

由于狗是最早与人类熟悉的动物，它们的形象大量地出现在文字记载及艺术作品中。相传战国时期韩国有一名犬，因其皮毛为黑色，被称为"卢"，而后"韩卢"也逐渐演变为狗的别称，泛指良犬。辛弃疾的词《满江红·和廓之雪》中，就有"记少年骏马走韩卢，掀东郭"的描述。中国国家博物馆珍藏的狗形簋、辽宁省博物馆收藏的绿釉陶狗、周昉所绘《簪花仕女图》中贵族妇女豢养宠物犬的形象……敦煌壁画自然也不会缺席，大量与狗有关的情节跃然壁上。

忠诚助手：敬业的小狗

人类在与狗的相处中，最为常见的行为便是组队打猎。狗以出色的嗅觉和强健四肢所赋予的速度，为人类的狩猎活动带来了极高的成功率。在莫高窟第61窟主室南壁就描绘了一幅出猎图，图中有三位猎人：左起一人右臂立鹰，肩扛铁锤；第二人右手牵猎犬，扛利斧；第三人挎箭囊。三人装备齐全，仿佛随时可以出发狩猎。图中的猎犬四肢强健有力，身姿健硕，在狩猎团队中负责地面搜寻及猎物追踪，是团队中的一员猛将。

莫高窟九层楼门南侧的第一幅图中绘制了一只小狗，跟我们

莫高窟第61窟　猎犬　五代

"汪汪" 声里说 "旺旺"

見之悲皆驚怖備慈心者乃可取食
所以求淨人去何衆食大慈食
云何可食大慈一相諸六趣此是精血于稣
共等為求利故而眼略畜之如是雜穢
大慧開路不饒諸賣肉人我持大馬

莫高窟第 85 窟　行猎　晚唐

九层楼 狗 民国

通常看到的农家大院中饲养的、用于护家守卫的狗相似，看到有人前来，欢脱地冲出去欢迎。整幅画面充满了生活气息，可以真切地感受到人与动物和谐欢快的氛围。

驯犬寻善：因缘循环，皆有"佛"性

佛教缘起论认为世间万物之间均有因果关联。种善果则有善报，种恶果便有恶报；如有作恶，需要不断累积善行，才能消除报应，修得正果。

莫高窟第85窟的楞伽经变描绘了一个劝戒食肉的场面。一位身着圆领袍的男子仿佛在逗弄小狗，画面榜题大致含义是劝戒众生不要杀生吃肉。在《楞伽经》中有大量劝戒众生不要食肉的内容，大意为肉食本身或为亲人转世，且有自己的思想，不应食

"汪汪"声里说"旺旺"

之，并提到吃肉者气息可怖为诸天所弃，如果禁断肉食，便可积得善果。但是，从现代营养学的角度来看，肉类食物所含的营养是人体不可或缺的，而对食肉类的动物而言更是生存必需。因此，满足自身所需、不浪费食物即可，对于肉食的取舍，需量力而行。

生活伴侣：卖萌打滚相依存

随着人们的生活水平逐渐提高，狗从祭、食、守、猎、贡等功用逐渐增加了赏、玩、伴，且已上升到重要的地位。《汉书》中记载"沛公入秦，宫室帷帐狗马重宝妇女以千数，意欲留居之"，意在用金银珠宝、美女宝马以及狗来留住刘邦，由此养狗爱狗这一行为从汉代帝王身上便可展现。唐代薛用弱《集异记》中有记

莫高窟第 85 窟　肉铺　晚唐

莫高窟第61窟 肉铺 五代

载："隋炀帝时，韶养一犬，怜爱过子。"爱犬之风可见一斑。

在敦煌石窟中，经变画时常会借用描绘世俗生活场景用作比喻，其中大量应用了狗的形象。譬如在第 85 窟及第 61 窟的楞伽经变中表现肉市街景时，为了表现肉铺所售的肉类品质新鲜，便在铺子周围绘上嗅着香味而来、打滚卖萌、殷殷期盼的小狗，既表现出画工对街景描绘趣味性的把握，也体现了将狗作为生活伴侣的行为早已深入人们生活的方方面面。

在时间的长河中，狗与人的生活早已密不可分，从工作助手到生活伴侣，从信赖有加到相互依存，狗的温顺和忠诚得到了人们的喜爱；狗也凭借强大的工作能力，负担起了许多维护安全、探查、安抚等工作，交付给人类全然的爱与信任。

"猪"事顺利
"圆满"相随

猪古称"豕"，也作"豚"，因其面部为黑色，又被戏称"黑面郎"。人类驯养猪的历史大约始于新石器时代。猪为六畜之首，体态浑圆、憨态可掬、性情温驯，在古时又被称为"乌金"，是中国古代农耕文明的典型代表。猪与人们的生活密切相关，它的形象常出现在岩画、石刻、墓葬、神话故事等作品中，敦煌壁画也不例外。

林间百态：危机与闲适

　　相传，敦煌莫高窟对面的三危山是西王母的住所，风景极佳，山林茂密，各类野兽动物穿行其间，就如同莫高窟第285窟中所描绘的山林一般，从中可看出敦煌曾经水草丰茂，而野猪等各类

莫高窟第 285 窟　野猪　西魏

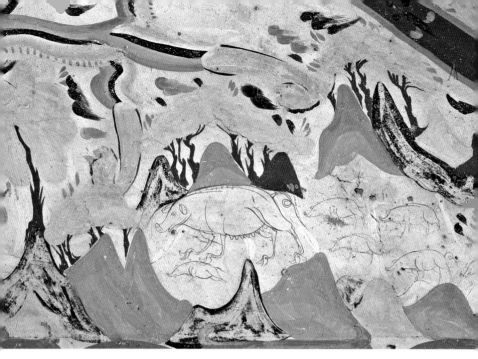

动物自然也不会少见。画面中，在茂密的山林间，有猎人正在搜寻猎物，蓦然出现了一头鬃毛高高竖起、膘肥体壮的野猪，猎人拿起武器对准野猪。画工将野猪的整体形态把握得非常精准，头长且耳小直立，吻部凸出似圆锥体，头部及前肢较大，四肢粗短，同时刻画出了野猪面对攻击时目露凶光、毛发炸起、爪牙毕现、暴起凶悍的神态，可谓形神兼备。

　　在莫高窟第 249 窟中，有一群行进的野猪入画。与上一头看起来极具攻击性的野猪不同的是：画面温馨有趣，主体是一头猪妈妈，带着六头小猪崽穿行于山林间，似是寻觅食物，又如闲庭信步。小猪形态各异：有紧随其后，也有东张西望；有低头细嗅，还有扬蹄猛追。小猪们的体格都极为健壮，可以看出它们在山林中的生活安逸舒适。

力量之美：一箭贯铁猪

在佛传故事中，有悉达多太子与诸王角力的片段。悉达多太子仅射出一箭，便贯穿七个铁猪，此箭余势不减，射入地底并钻出一眼深井。悉达多太子在比赛中获胜，诸天将天花散落在太子前庆祝，而帝释天将箭取出，带上天后起塔供养。

中国的铸铁技术在汉代就有记载，《汉书·五行志上》曰："成帝河平二年正月，沛郡铁官铸铁，铁不下，隆隆如雷声，又如鼓音。"因此铁猪在中国也有存在，成都永陵博物馆藏有五代时期前蜀（907—925）王建永陵墓中出土的铁猪，但与印度的象征意义不同，中国常在墓葬中发现铁猪，一同出现的还有牛、羊等铁制动物形象，在盛唐以后的葬俗中有镇墓厌胜的功能。

妄想心生：被度化的猪头神毗那夜迦

在印度神话中，毗那夜迦似乎并无固定的形象，但大多以象头、猪头扰乱人心境，给予人苦难的恶神的形象出现。唐一行、善无畏等译的《大日经》曰："毗那夜迦，即是一切为障者。此障皆从妄想心生。"莫高窟第3窟的猪头神毗那夜迦画在千手千眼观音下方，画面中的猪头神并无恶相，而是以头戴猪头帽的人身形象出现，或可理解为已被观音度化，再无妄念。

中国的神话传说中有关猪的形象，在《山海经·东次四经》中有记载："钦山，有兽焉。其状如豚而有牙，其名曰当康，其鸣自叫，见则天下大穰。"当康又称"牙豚"，是中国古代神话传说中的瑞兽之一。在历代志怪小说中，有晋代干宝《搜神记》中的母猪精，也有明代吴承恩《西游记》中的天蓬元帅猪八戒，

莫高窟第61窟 射铁猪 五代

"猪"事顺利 "圆满"相随

莫高窟第3窟　猪头神　元

虽与猪相近的形象皆有好吃懒做的嫌疑，但也可以看出人们对猪的喜爱。

　　猪圆壮肥硕、繁殖力强，生长快、肉脂多，是农耕文明出现后，人们对繁衍、多产、丰收的渴望和物化的体现。从古代奉猪为多子多福的神圣之物加以崇拜，并以其圆润的形象象征富足的生活来看，猪为生肖并非偶然，且亥猪作为十二生肖的末位之神，也有着完满收尾、圆融通汇、落笔新篇章的寓意。

　　关于敦煌壁画里的动物形象，很早就走入了我们的视野。

　　无论是跳跃在山林间的大猴子、蹦跳在草地上的小兔子，还是疾驰于丛林中的野牛、站立在屋顶上的大公鸡……都灵动异常，让人睹之便心生喜悦。众多形象丰富、活泼有趣的山林动物成为我们创作的绝佳素材。

　　然而，创意的提取从来都不是一蹴而就的，而是要依靠数月甚至数年的厚积薄发。从 2021 年我们提取壁画里的动物形象进行创作开始，之后的三年间，我们陆续推出了一些与动物有关的作品，都获得了公众的关注。热爱可抵岁月漫长，很荣幸，我们长久以来坚持并热爱的事业能够被更多人看到并了解。

　　十二生肖是中国传统文化中的一朵奇葩，十二生肖以十二地支为基础，与鼠、牛、兔等十二种各具特色的动物形象搭配，形成了中华民族独特的生肖文化，是中华民俗文化的重要组成部分，汇集着我国先民自古传承而来的神秘遐想，演绎着独属于中国人的血脉记忆，传承着东方文明古国的文化情结与生活智慧。

　　而十二生肖正是我们链接古今的一扇门户，我们何不汲取敦煌壁画中的动物形象，与"十二生肖"一同完成一场奇妙创意游呢？

因此，我们决定推出《敦煌十二生肖》！期待敦煌壁画里可爱有趣、生动形象的十二种动物，以全新的文化面貌与大众对话交流。也期待通过《敦煌十二生肖》，让博大丰厚的敦煌文化以更为年轻多彩的样貌进入大众视野，给予1600余年生命力的敦煌文化以全新的活力！

乘众人之智，则无不任也；用众人之力，则无不胜也。立足于敦煌学广博精深的研究成果之上，有王惠民、赵晓星、郭俊叶、赵燕林等诸多学者倾情帮助，在众多同事、好友的悉心关怀下，《敦煌十二生肖》终得成书。本书由杜鹃策划编辑，殷曦、王嘉奇、杨瀚林撰写，力图构建以十二生肖文化为基础、敦煌壁画元素为内核的想象空间，让大众畅游其间，感受敦煌文化的魅力。

敦煌石窟里有一个奇妙的世界，这个世界里有层层楼宇，有宏伟殿堂间自由灵动的飞天乐舞，也有山川河流、祥禽瑞兽、奇珍异草穿插其中，更有市井喧嚣、往来行旅……

很荣幸，能与你一同走进这个奇妙的世界。也感谢你，与我们一同度过这十二个"生肖之年"！

《敦煌十二生肖》编写组
于莫高窟

本书为甘肃省哲学社会科学规划项目
"欢迎文化新媒体传播研究"（项目编号：2023ZD053）成果

图书在版编目（CIP）数据

敦煌十二生肖 / 杜鹃主编；殷曦, 王嘉奇, 杨瀚林
著. -- 南京：江苏凤凰美术出版社, 2024.2
　ISBN 978-7-5741-1537-8

　Ⅰ.①敦… Ⅱ.①杜… ②殷… ③王… ④杨… Ⅲ.
①敦煌壁画–图集 Ⅳ.①K879.412

中国国家版本馆CIP数据核字（2023）第242838号

出 品 人　陈　敏

项目统筹　毛晓剑
责任编辑　郭　渊
装帧设计　王　超
责任校对　龚　婷
责任监印　生　嫄
责任设计编辑　陆鸿雁

书　　名	敦煌十二生肖
主　　编	杜　鹃
著　　者	殷　曦　王嘉奇　杨瀚林
出版发行	江苏凤凰美术出版社（南京市湖南路1号　邮编：210009）
制　　版	南京新华丰制版有限公司
印　　刷	南京爱德印刷有限公司
开　　本	889mm×1194mm　1/32
印　　张	4.25
版　　次	2024年2月第1版　2024年2月第1次印刷
标准书号	ISBN 978-7-5741-1537-8
定　　价	88.00元

营销部电话　025-68155675　营销部地址　南京市湖南路1号
江苏凤凰美术出版社图书凡印装错误可向承印厂调换